Sandra Lebrun

FUNNY ENGLISH
Jocuri şi enigme

Ilustraţii: Benjamin Strickler

Traducător: Silvia Palade

LAROUSSE

Descrierea CIP este disponibilă
la Biblioteca Națională a României

© Larousse, 2016
Titlu original: *HARRAP'S PETITS JEUX ET ÉNIGMES IN ENGLISH! de la 4ᵉ à la 3ᵉ*, par Sandra Lebrun

Pour l'édition originale: Direction de la publication: Carine Girac-Marinier; Direction éditoriale: Claude Nimmo; Direction éditoriale adjointe: Stéphanie Auvergnat, Julie Pelpel-Moulian; Edition: Beata Assaf, Giovanni Picci; Conseil pédagogique: Céline Leclerq; Direction artistique: Uli Meindl; Illustrations: Benjamin Strickler; Mise en page: Christelle Defretin, Tiphaine Desmoulière, Sophie Rivoire; Informatique éditoriale: Dalila Abdelkader; Fabrication: Rebecca Dubois; Remerciements: Sandy Garel, Antonia Skinner

© Editura NICULESCU, 2018
Bd. Regiei 6D, 060204 – București, România
Telefon: 021 312 97 82; Fax: 021 312 97 83
E-mail: editura@niculescu.ro
Internet: www.niculescu.ro

Comenzi online: www.niculescu.ro
Comenzi e-mail: vanzari@niculescu.ro
Comenzi telefonice: 0724 505 385, 021 312 97 82

Redactor: Anca Natalia Florea
Tehnoredactor: Dragoș Dumitrescu
Adaptare copertă: Carmen Lucaci

ISBN 978-606-38-0231-7

NICULESCUkids este un imprint al Editurii NICULESCU

Toate drepturile rezervate. Nicio parte a acestei cărți nu poate fi reprodusă sau transmisă sub nicio formă și prin niciun mijloc, electronic sau mecanic, inclusiv prin fotocopiere, înregistrare sau prin orice sistem de stocare și accesare a datelor, fără permisiunea Editurii NICULESCU.
Orice nerespectare a acestor prevederi conduce în mod automat la răspunderea penală față de legile naționale și internaționale privind proprietatea intelectuală.

Editura NICULESCU este partener și distribuitor oficial **OXFORD UNIVERSITY PRESS** în România.
E-mail: oxford@niculescu.ro; Internet: www.oxford-niculescu.ro

Cuprins

At the Hairdresser's	p. 5	Enjoy It!	p. 28
Long-Haired	p. 6	Sweet	p. 29
William and Kate	p. 7	Money	p. 30
My Family	p. 8	Perfume Shop	p. 32
In the Kitchen	p. 10	The Arcade	p. 33
Characteristics	p. 11	Pretty Woman	p. 34
Likes and Dislikes	p. 12	At College	p. 35
Famous People	p. 13	So Scottish!	p. 36
Yearbook	p. 14	Clothes Shop	p. 37
Boo!	p. 15	Shoe Shop	p. 38
Prices	p. 16	It's Mine!	p. 39
Food	p. 17	Fashion Victim	p. 40
Cooking	p. 18	Punk	p. 41
Journey	p. 20	Dressing Room	p. 42
The Drive-Through	p. 22	Clothes	p. 44
Indian Food	p. 23	Unique	p. 45
Greedy	p. 24	Summer Camp	p. 46
Lifestyle	p. 25	Nationalities	p. 48
Geek	p. 26	Inventions	p. 49
World Cuisine	p. 27	Shopping	p. 50

Cuprins

Good Idea!	p. 52	Niagara Falls	p. 75
Sherlock Holmes	p. 53	Let it Snow!	p. 76
E-mail	p. 54	Photographer	p. 77
Whodunnit	p. 56	On the Boat	p. 78
The Detective	p. 57	In the Future	p. 79
In the Night	p. 58	Aliens	p. 80
Feeling Guilty	p. 60	Communication	p. 81
The Five Senses	p. 61	Energy	p. 82
A Storm	p. 62	Sci-Fi Movies	p. 84
Writers	p. 64		
Clichés	p. 65		
Famous Murder	p. 66	Soluțiile jocurilor	p. 85
Wales	p. 68		
Best and Worst	p. 69		
Outdoor Activities	p. 70		
Awesome!	p. 72		
Canada	p. 74		

At the Hairdresser's

Fă legătura între fiecare personaj şi descrierea care îi corespunde. Scrie literele răspunsurilor tale pentru a completa ultima propoziţie.

L SHE IS A RED HEAD. SHE HAS A FRINGE.

A YOU ARE BLONDE. YOU HAVE WAVY HAIR.

D THEY HAVE GREY HAIR. THEIR HAIR IS STRAIGHT.

B I AM BRUNETTE. I HAVE SPIKY HAIR.

HE IS _ _ _ _ .

Long-Haired

Urmărește fiecare linie și scrie literele colorate în căsuțele potrivite pentru a completa enunțurile de mai jos. În cel de-al doilea enunț, vei descoperi un sinonim pentru primul cuvânt, însă folosit pentru descrierea femeilor.

THIS  MAN HAS DREADLOCKS.

HE IS _ _ _ _ _ _ _ _ _.

SHE HAS A PONYTAIL AND HER SISTER A PLAIT.

THEY ARE _ _ _ _ _ _ _.

William and Kate

Sub fiecare fotografie este scrisă o legendă. Pune cuvintele în ordinea corectă.

1

HAS KATE MIDDLETON A PRINCE. MARRIED

2

HAVE GOT THEY CHILDREN.

3

PRINCE HAS GOT WILLIAM MOTORBIKE. A

4

A HAVE THEY GOT DOG.

1 ....
2 ....
3 ....
4 ....

My Family

Pune literele în ordinea corectă pentru a găsi cinci membri ai familiei.

E E C N I
....

T U N A
....

C L E N U
....

P E W H E N
....

I S U C O N
....

VOCABULARY

uncle: unchi

aunt: mătușă

cousin: văr, vară

grandparents: bunici

brother-in-law: cumnat

sister-in-law: cumnată

niece: nepoată (de unchi)

nephew: nepot (de unchi)

my stepfather: tatăl meu vitreg [noul soț al mamei mele]

my stepmother: mama mea vitregă [noua soție a tatălui meu]

Completează cuvintele încrucișate.

1 MY PARENTS' MOTHER AND FATHER ARE MY...
2 MY AUNT'S SON IS MY...
3 MY MUM'S NEW HUSBAND IS MY...
4 MY DAD'S BROTHER IS MY...
5 MY BROTHER'S SONS ARE MY...
6 MY SISTER'S HUSBAND IS MY...

In the Kitchen

Pentru a completa această bandă desenată, citește afirmațiile fiecărui personaj și pune scenele în ordinea corectă. Scrie literele răspunsurilor tale pentru a completa ultima bulă de dialog.

Characteristics

Observă cu atenție fotografia fiecărui personaj și completează frazele lui Tim cu acel cuvânt care se află sub fiecare fotografie.

MIDDLE-AGED

OVERWEIGHT

MEDIUM HEIGHT

CHUBBY

MY BROTHER IS OF
_ _ _ _ _ _ _ _ _ _ _ _ .
MY MOTHER
IS _ _ _ _ _ _ _ - _ _ _ _ .
MY BABY SISTER
IS _ _ _ _ _ _ .
MY DOG IS
_ _ _ _ _ _ _ _ _ _ .

Likes and Dislikes

Bulele de dialog din scena de mai jos au fost amestecate. Observă fiecare personaj și fă legătura cu afirmația care îi corespunde.

Famous People

Fă legătura între fiecare celebritate de mai jos şi descrierea care îi corespunde. Scrie-i numele în spaţiile rămase libere, înlocuind fiecare număr cu litera corespunzătoare în ordine alfabetică.

HE IS AN ENGLISH PROFESSIONAL FOOTBALLER.
HE HAS NEVER ACTED IN A JAMES BOND FILM...
HE IS FROM LIVERPOOL.
HE IS
23.1.25.14.5   18.15.15.14.5.25
_ _ _ _ _   _ _ _ _ _ _ .

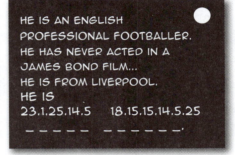

SHE IS AN ENGLISH SINGER AND SONGWRITER.
SHE SANG A JAMES BOND THEME TUNE.
SHE WAS BORN IN LONDON, IN 1988.
SHE IS 1.4.5.12.5
SHE IS _ _ _ _ _ .

HE IS AN ENGLISH ACTOR. HE PLAYED JAMES BOND IN FOUR FILMS.
HE IS THE FIRST BLONDE ACTOR TO PLAY JAMES BOND.
HE IS 4.1.14.9.5.12   3.18.1.9.7
HE IS _ _ _ _ _ _
_ _ _ _ _ .

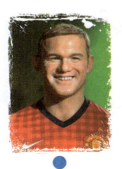

Yearbook

Fă asocierea între fiecare propoziție și fotografia care îi corespunde. Scrie literele în ordinea răspunsurilor tale pentru a completa ultima propoziție.

Y
HE LOOKS LIKE SHREK.

G
SHE LOOKS LIKE MARYLIN MONROE.

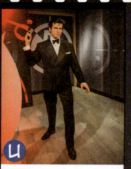
U
HE LOOKS LIKE JAMES BOND.

HE IS VERY HANDSOME.

SHE IS GORGEOUS.

SHE IS VERY SERIOUS.

HE IS _ _ _ _ .

L
SHE LOOKS LIKE THE QUEEN.

Taie o literă din două pentru a înțelege ce spun acești monștri de Halloween.

Iar acum, pentru a înțelege ce spun, citește fiecare cuvânt invers, de la dreapta la stânga.

Prices

Scrie cu cifre preţul fiecărui articol de îmbrăcăminte pe eticheta care îi corespunde. Apoi, scrie pe ecranul casei de marcat suma totală anunţată de către vânzătoare.

Food

Pentru a înţelege ce spun aceste două personaje, dă înapoi cu un loc, în ordine alfabetică, fiecare literă. Încercuieşte în imaginea de mai jos ceea ce îi propune chelnerul.

Cooking

Completează cuvintele încrucișate.

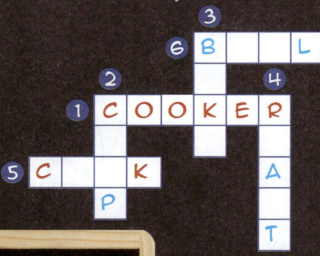

VOCABULARY

chop: a toca
pour: a turna
add: a adăuga
mix: a amesteca
melt: a topi
boil: a fierbe
fry: a prăji
roast: a frige
bake: a coace în cuptor
raw: crud
cook (verb): a găti
a cook: un bucătar, o bucătăreasă
cooker: aragaz
oven: cuptor

1. A MACHINE FOR COOKING THINGS.
2. TO CUT INTO SMALL PIECES.
3. TO COOK CAKES OR BREAD.
4. TO COOK MEAT IN AN OVEN.
5. A PERSON WHOSE JOB IS COOKING.
6. TO COOK IN HOT WATER.

Iată cele cinci etape ale preparării unei rețete.
Pune-le în ordinea corectă.

POUR THE MIXTURE INTO A BAKING TIN.

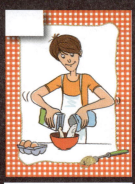

ADD THE FLOUR AND A LITTLE MILK.

BAKE IN THE OVEN FOR 20 MINUTES.

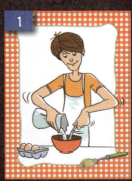

1

MIX THE EGGS AND THE SUGAR.

WHEN IT'S COLD, COVER WITH MELTED CHOCOLATE.

Journey

Completează cuvintele încrucișate.

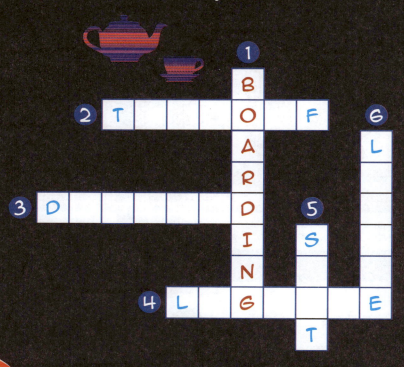

1. THE CARD THAT ALLOWS YOU TO ENTER THE PLANE IS CALLED A ... PASS.
2. THIS MEANS "LEAVE THE GROUND".
3. IF A PLANE IS LATE, WE SAY IT IS...
4. BAGS THAT YOU TAKE ON A PLANE ARE CALLED YOUR HAND...
5. THIS IS WHERE YOU SIT ON THE PLANE.
6. THE PLACE WHERE YOU CAN SIT AND WAIT FOR YOUR FLIGHT IS CALLED THE DEPARTURE ...

Ajută-i pe aceşti patru pasageri să-şi găsească bagajele! Fă corespondenţa între fiecare pasager şi obiectul care îi aparţine.

HARRY IS A PROFESSIONAL GOLFER. HE'S GOING TO A GOLF CHAMPIONSHIP IN MIAMI.

GEORGE IS A PHOTOGRAPHER. HE'S GOING TO TOKYO TO TAKE LOTS OF PICTURES.

BOB IS A SURFER. HE'S GOING TO SYDNEY TO FIND SOME BIG WAVES.

SOPHIE IS A MUSICIAN. SHE'S GOING TO NEW YORK TO PLAY IN A CONCERT.

The Drive-Through

Completează frazele din conversația de mai jos cu ajutorul culorii fiecărei litere.

A B D E I K L O P R S T U W Y

WHAT WOULD YOU LIKE TO OOOOO PLEASE?

I OOOOO LIKE A CHEESEBURGER AND A CAN OF COLA.

HOW WOULD YOU LIKE TO OOO THE OOOO?

WITH CASH PLEASE. HOW MUCH DO I OOO?

TEN DOLLARS OOOOOO.

NOW OOOO TO THE NEXT WINDOW AND YOUR OOOO OOO WILL BE READY.

Indian Food

Ajută-l pe Glenn să găsească meniul corect. Pentru a ajunge la destinaţie, trebuie să traversezi doar căsuţele care conţin un adjectiv ce are legătură cu mâncarea.

TASTY	JUICY	SKIRT	JACKET	JEANS	HOODIE
NECKLACE	SPICY	SWEET & SOUR	SUIT	PANTS	
SCARF	PIERCINGS	SALTY	RING	JEWELS	MAKE-UP
MILD	STICKY	FRIED	EARRINGS	SUNGLASSES	PANTS
PLAIN, BOILED	SANDALS	HEADBAND	RAW	MEDIUM	
SCRAMBLED	WELL-DONE	OVERCOOKED	RARE	PIERCINGS	JEANS

Greedy

Completează spațiile punctate din cele trei propoziții de mai jos cu cuvântul care corespunde temperaturii potrivite a fiecărui meniu. Scrie literele în ordinea răspunsurilor tale pentru a completa propoziția din bula de dialog a personajului.

 COLD    VERY HOT   WARM

Lifestyle

Scrie cuvintele colorate în grila de mai jos, cu ajutorul numerelor. Foloseşte literele din căsuţele colorate pentru a completa ultima frază.

DONALD HAS A HEALTHY LIFESTYLE ②, HE EATS BREAKFAST ④, LUNCH AND DINNER ③, HE DOES NOT EAT SNACKS.
JOHN ⑤ HAS AN UNHEALTHY ① LIFESTYLE, HE SKIPS BREAKFAST, HE EATS _ _ _ _ _ _ O _ .

Geek

Găsește următoarele cuvinte care au legătură cu tehnologia modernă.

SAVE
REPLY
SELECT
PASTE
BURN
CUT
DELETE
CRASH

B	C	U	T	U	T	C	U
U	V	S	R	X	Y	P	Z
R	C	K	E	L	A	T	A
N	I	V	J	S	C	W	J
W	A	E	T	E	L	E	D
S	M	E	L	Q	T	G	E
N	R	E	Y	L	P	E	R
H	S	A	R	C	R	A	H

World Cuisine

Pentru a descoperi specialitatea fiecărui restaurant, înlocuiește simbolurile cu literele care le corespund.

A = 🍉, B = 🍏, C = 🍑, D = 🍒, E = 🍓, I = 🍆,
L = 🍙, N = 🍅, O = 🍔, P = 🍖, R = 🍊, S = 🍋,
T = 🍌, U = 🍍, Y = 🍈, Z = 🍞.

_ _ _ _ _ _ _ _

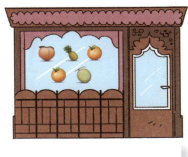

_ _ _ _ _

_ _ _ _ _ _ _

_ _ _ _ _

Enjoy It!

Ajută personajele să găsească locul unde doresc să mănânce. Scrie literele pe care le întâlnești pe traseu pentru a completa propozițiile personajelor.

Sweet

Pentru a descoperi numele acestor două produse de patiserie, păstrează inițiala fiecărui cuvânt ilustrat. De exemplu, dacă vezi o pisică („cat"), vei păstra litera „C".

_ _ _ _ _ _ _ _

_ _ _ _ _ _

Money

Completează cuvintele încrucișate.

VOCABULARY

coin: monedă
change: bani mărunți
currency: moneda unei țări
note: bancnotă
wallet: portofel
purse: portmoneu
credit card: card de credit
cash: cash, bani în numerar/lichizi
cash dispenser: bancomat
receipt: chitanță
borrow: a împrumuta (de la cineva), a lua cu împrumut
lend: a împrumuta (cuiva), a da cu împrumut
rich: bogat
poor: sărac
broke: lefter [termen familiar]

1. EUROS, POUNDS AND DOLLARS ARE ALL TYPES OF ...
2. YOU KEEP COINS IN A ...
3. THE COINS IN YOUR POCKET ARE CALLED ...
4. WHEN YOU BUY SOMETHING, DON'T FORGET TO ASK FOR A ...
5. YOU CAN PAY FOR THINGS USING A ... CARD.
6. PAPER MONEY IS CALLED A ...

Completează căsuțele libere din grila de mai jos pentru ca, exact ca într-un sudoku clasic, fiecare literă să se afle doar o singură dată pe fiecare rând, pe fiecare coloană și în fiecare dreptunghi format din șase căsuțe.

După ce vei completa grila în întregime, vei citi pe diagonală, în căsuțele colorate, un cuvânt în engleză format din șase litere.

Perfume Shop

Taie literele dublate din cuvintele colorate pentru a completa spațiile libere din frazele de mai jos.

MUM, HELP ME, I CMOUECSOTE _ _ _ _ BUY MY GIRLFRIEND A PRESENT FOR HER BIRTHDAY.

OK BUT YOU PYMPYUISANI'AT _ _ _ _ ' _ TELL HER WHERE WE ARE GOING.

SO WE WMHUSYWN'THY _ _ _ _ ' _ TELL MY LITTLE SISTER.

YES, WHY DON'T WE GO TO THE PERFUME SHOP?

WE ARMCRAUSCNTN _ _ _ _ KEEP IT A SECRET.

The Arcade

Pentru a înţelege scena de mai jos, scrie cuvintele din fiecare frază în ordinea corectă.

Pretty Woman

Scrie în grila de mai jos denumirea a șase articole de îmbrăcăminte. Vei descoperi, pe coloana albastră, denumirea celebrului motiv ce caracterizează kilturile scoțiene.

1. SH___S
2. J____S
3. TR___S
4. __TI__S
5. __P___S
6. UN_____S

VOCABULARY

shorts: șort, pantaloni scurți
trousers: pantaloni lungi
jeans: blugi
pants: (în Marea Britanie) slip
pants: (în Statele Unite) pantaloni lungi
baggy pants: pantaloni largi (cu turul lăsat)
combat pants: pantaloni militari
underpants: chiloți
tights: colanți
swimming trunks: slip de înot (pentru bărbați)
pyjamas: pijama
boxer shorts: boxeri
bermuda shorts: bermude (pantaloni scurți până la genunchi)

_ _ _ _ _ _

At College

Citește conversația de mai jos pentru a o ajuta pe Lisa să ajungă la facultate. Ca să ajungă la destinație, trebuie să treci prin ceea ce ea are voie să poarte și trebuie să eviți ceea ce nu are voie să poarte. Scrie literele întâlnite pe traseu pentru a completa fraza rostită de Emma.

So Scottish!

Pentru fiecare descriere, spune dacă propoziția este adevărată sau falsă. Înlocuiește cuvintele de comparație atunci când este necesar.

1 HER SKIRT IS SHORTER THAN HIS KILT.
❑ TRUE ❑ FALSE
....

2 HE IS MORE INTERESTING THAN HER.
❑ TRUE ❑ FALSE
....

3 HIS FEET ARE SMALLER THAN HERS.
❑ TRUE ❑ FALSE
....

4 HE IS THE BIGGEST.
❑ TRUE ❑ FALSE
....

5 SHE IS OLDER THAN HIM.
❑ TRUE ❑ FALSE
....

BORING

LONGER

YOUNGER

Clothes Shop

Pentru a afla ce va răspunde Molly, unește literele între ele, pornind de la bula sa de gumă de mestecat. Urmează direcția indicată de către prima săgeată și treci dintr-o bulă în alta.

Shoe Shop

Pentru a înțelege conversația de mai jos, scrie în ordinea corectă literele din cuvintele colorate.

LOOK! EHETS _ _ _ _ _ SHOES ARE SO LOVELY.

WHAT DO YOU THINK ABOUT TSIH _ _ _ _ HANDBAG?

I PREFER AHTT _ _ _ _ ONE.

OHETS _ _ _ _ _ BOOTS ARE UGLY!

It's Mine!

Observă cu atenție scenele din banda desenată și găsește bula de dialog care corespunde fiecărei situații. Scrie literele în ordinea răspunsurilor tale și vei descoperi prenumele băiețelului.

E — NO, THIS ONE IS YOURS.

N — _ _ _ _ _, YOURS IS BIGGER THAN HERS.

L — THIS COAT IS MINE!

O — YOURS IS NEWER THAN HIS.

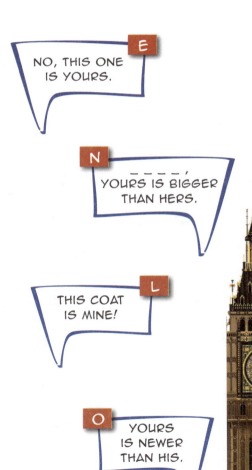

Punk

Pentru a înțelege scena de mai jos, suprapune cele două bule de dialog ale fiecărui personaj.

Bubbles (left group):
- H.W .E.R. I. T.I. P.N.'S .A.R!
- .O, . T.I.K .T .S .E.L.Y .O.L
- .O. W.I.D .S .H.S .U.K'. H.I.!
- N., I .H.N. I. I. R.A.L. C.O.

....
....
....
....

Bubbles (punk):
- .O, . T.I.K .T .S .E.L.Y .W.U.
- N., I .H.N. I. I. R.A.L. A.F.L

Bubbles (girl with t-shirt):
- .H.T . L.V.L. T-.H.R.!
- W.A. A .O.E.Y .-S.I.T!

....
....

41

MY .... IS OOOOO.

Clothes

Observă cu atenţie scena de mai jos. Ai un minut la dispoziţie pentru a găsi toate elementele menţionate în listă. Doar unul singur lipseşte. Despre care dintre ele este vorba?

SOCKS TIGHTS HOODED SWEATSHIRT DENIM JEANS
SCARF SKIRT SANDALS HIGH HEELS
WAISTCOAT SNEAKERS PANTS

Pentru a descoperi cărui articol de îmbrăcăminte îi corespunde cuvântul pe care l-ai găsit, uneşte punctele din imagine.

....

Unique

Completează acest „diagosudoku", ținând cont de faptul că pe fiecare rând, pe fiecare coloană și în fiecare pătrat format din nouă căsuțe, trebuie să fie întotdeauna cele nouă litere diferite din această grilă. Cu ajutorul cuvântului scris pe diagonală vei putea completa propoziția rostită de personajul din imagine.

> I _ _ _ _ _ _ _ _ _ MY CLOTHES ALL THE TIME.

C	M	I						
Z	U	O						
E	T	S						
				O				
							Z	

Summer Camp

Găsește în grila de mai jos cinci cuvinte care au legătură cu taberele de vară.

B	L	G	E	I	G	H	B	F	H	O
V	A	H	S	S	M	T	J	H	O	L
F	P	C	X	G	K	N	E	Y	I	X
X	F	P	K	R	O	T	E	X	N	E
C	K	O	B	P	I	N	S	V	R	C
J	U	E	C	S	A	X	C	I	I	A
A	R	G	P	D	J	C	W	F	U	M
Y	P	M	W	R	N	P	K	L	L	P
H	A	V	F	W	I	J	R	Y	Z	I
C	G	N	H	Z	T	O	T	P	C	N
H	O	R	S	E	R	I	D	I	N	G

TRAVEL

Pentru a afla ce le spune Harry părinţilor săi, înlocuieşte fiecare literă a mesajului cu cea care o precedă în ordine alfabetică.

ZFTUFSEBZ, XF XFOU

IPSTF SJEJOH BOE

SPDL-DMJNCJOH. JU XBT

XPOEFSGVM! J EPO'U GFFM

IPNFTJDL.

....
....

VOCABULARY

summer camp: tabără de vară
campsite: camping [locul]
camping: camping [activitatea]
go camping: a merge în camping
group leader: conducătorul grupului
horse riding: echitaţie
go horse riding: a face echitaţie
rock climbing: alpinism
go rock-climbing: a face alpinism
zipwire: tiroliană
ride a zipwire: a se da cu tiroliana
backpack: rucsac
sleeping bag: sac de dormit
feel homesick: a-i fi dor de casă

Nationalities

Completează căsuţele de mai jos cu echivalentele în limba engleză ale termenilor româneşti pentru a descoperi cuvântul misterios.

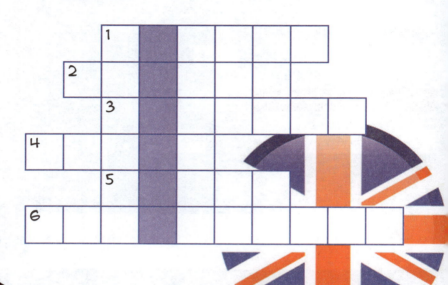

1. FRANCEZ
2. GALIC
3. SPANIOL
4. GREC
5. LATIN
6. PORTUGHEZ

Inventions

Pentru a descoperi numele acestui inventator, înlocuieşte fiecare desen cu litera care îi corespunde în grila de decodificare.

He was born in 1847 in Edinburgh.

He was Scottish.

He invented the telephone.

_ _ _ _ _ _ _ _ _ _ _ _

Foloseşte aceeaşi grilă de decodificare ca în jocul de mai sus, pentru a descoperi numele unui alt inventator.

He was American.

He used French material, coming from Nîmes. He called it "denim".

He worked with an associate.

They designed jeans in 1871.

_ _ _ _ _ _ _ _ _ _

Shopping

Sue merge într-un magazin mare. Pune scenele de mai jos în ordinea descrierii, apoi scrie literele în aceeași ordine pentru a afla unde își face ea cumpărăturile.

1. FIRST THE CUSTOMER GOES TO ASK THE SHOP ASSISTANT TO HELP HER.
2. SHE CHOOSES SOME CLOTHES TO TRY ON.
3. THE SHOP ASSISTANT SHOWS HER THE FITTING ROOMS.
4. SHE LOOKS AT THE PRICE TAGS.
5. SHE GOES TO THE CASHIER.
6. SHE GIVES HER THE MONEY.
7. THE CASHIER GIVES HER SOME CHANGE AND A RECEIPT.

SHE IS IN _ _ _ _ _ _ _ _ .

Good Idea!

Pentru fiecare propoziție de mai jos, spune dacă tu crezi că afirmația este adevărată sau falsă. Scrie literele răspunsurilor tale pentru a completa ultima propoziție. Apoi, unește punctele din desen în ordine crescătoare și descoperă ce a inventat Thomas Edison.

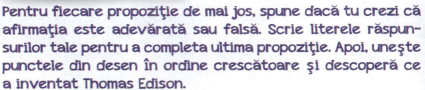

HE WAS FRENCH.
- **A** ☐ TRUE **B** ☐ FALSE

HE WAS BORN IN 1847, IN OHIO.
- **U** ☐ TRUE **O** ☐ FALSE

HE INVENTED THE INTERNET.
- **D** ☐ TRUE **L** ☐ FALSE

HE INVENTED THE ELECTRIC LIGHT _ _ _ _ .
- **B** ☐ TRUE **D** ☐ FALSE

THOMAS EDISON

Sherlock Holmes

Pentru a descoperi cine a inventat personajul Sherlock Holmes, taie literele care se află pe traiectoria fiecărei săgeți și scrie literele rămase pentru a completa fraza.

T	S	I	R	P	A	R
E	T	H	U	I	R	C
T	O	N	A	E	N	D
R	O	Y	L	A	E	

WHO WROTE SHERLOCK HOLMES?

THE CHARACTER SHERLOCK HOLMES WAS CREATED BY

_ _ _   _ _ _ _ _ _
_ _ _ _ _
_ _ _ _ _ .

E-mail

Citește cu atenție e-mailul de mai jos și bifează răspunsul corect.

My window

```
from       naomi.smith@fmail.com
to         james.smith@bmail.co.uk
cc:        steve.davis@zmail.com
attachments: party1.jpg; party2.jpg
```

Hi bro!
How are you? I'm sending you some photos of the party. Hope you like them lol!
Mum and Dad say hi. Got to go!
Lots of love
Naomi
XXXXXXX

THIS E-MAIL IS FROM JAMES.
❏ TRUE   ❏ FALSE

THIS E-MAIL IS TO NAOMI.
❏ TRUE   ❏ FALSE

STEVE IS GOING TO RECEIVE A COPY.
❏ TRUE   ❏ FALSE

THERE ARE TWO ATTACHMENTS
❏ TRUE   ❏ FALSE

NAOMI DOESN'T LIKE JAMES AT ALL.
❏ TRUE   ❏ FALSE

JAMES IS NAOMI'S UNCLE.
❏ TRUE   ❏ FALSE

Completează cuvintele încrucișate.
Scrie verbele care corespund simbolurilor din iconițe.

VOCABULARY

e-mail: e-mail, poștă electronică
"at": arond, @
"dot com": „punct com", „.com"
address: adresă
copy: copie
to forward: a trimite mai departe
to attach: a atașa (un document)
attachment: document atașat
to send: a trimite
Dear Harry: Dragă Harry
Got to go!: Trebuie să plec!
love from Liz: Cu drag, Liz
XXX: pupici (fiecare cruciuliță reprezintă un pupic!)

Whodunnit

Păstrează inițiala cuvântului ilustrat în fiecare desen pentru a completa frazele cu cuvintele corecte.

IN THE

OF THE NIGHT, THE MURDERER KILLED HIS VICTIM

THE PASSENGERS WERE SLEEPING.

THE   MORNING, THEY WERE EATING

BREAKFAST   THE INSPECTOR ARRIVED.

HE INTERROGATED EVERYONE,

THEY ALL HAD TO STAY ON THE BOAT.

The Detective

Citește toate enunțurile de mai jos, apoi fă corespondența între fiecare întrebare a inspectorului și răspunsul corect.

In the Night

Găsește opt cuvinte care au legătură cu enigmele polițiste. Literele rămase vor forma numele unui celebru detectiv creat de Sir Arthur Conan Doyle.

C	O	R	P	S	E	S
U	S	H	E	R	C	T
L	L	O	C	K	L	A
P	H	O	L	L	U	B
R	C	R	I	M	E	M
I	E	K	S	G	U	N
T	W	E	A	P	O	N

....
....
....
....

VOCABULARY

commit a crime: a comite o crimă
kill: a ucide, a omorî
stab: a înjunghia
strangle: a sugruma
shoot somebody: a împușca pe cineva
be guilty: a fi vinovat
be innocent: a fi nevinovat
arrest somebody: a aresta pe cineva
mystery: enigmă, mister

murderer: asasin
criminal: criminal
weapon: armă
gun: armă de foc
detective: detectiv
a suspect: un suspect
the culprit: vinovatul
investigation: anchetă, investigație
witness: martor
corpse: cadavru
clue: indiciu
fingerprints: amprente digitale

Unul dintre aceste personaje a sugrumat pe cineva. Numele său te va ajuta să-l demaști. Prin urmare, inspectore, cine este autorul faptei?

TRISTRAM GLENMORE

MARTIN LEATHERHEAD

ERNEST RANGLEFORTH

QUENTIN HORROCKS

....

Feeling Guilty

Pentru a înţelege de ce Mike se află în această stare, separă cuvintele din frazele colorate.

> MY GRANDMOTHER WENT TO THE OPERA ALONE.

> ICOULDHAVEGONEWITHHER, BUTIDON'TLIKEIT.

> SHECOULDN'TBUY APROGRAMBECAUSE SHELOSTHERPURSE.

> SHECOULDN'THEAR ANYTHING, BECAUSE SHEWASTOOFARAWAY.

> SHECOULDN'TSEE ANYTHING, BECAUSESHE FORGOTHERGLASSES.

> SHE WAS DISAPPOINTED. NEXT TIME I WILL GO WITH HER.

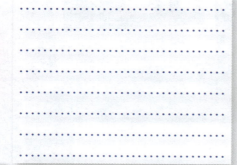

The Five Senses

Identifică simțurile la care se referă frazele de mai jos și scrie literele în ordinea răspunsurilor tale pentru a completa ultima frază.

1. I CAN SMELL SOMETHING NICE, MUM IS COOKING A CAKE.
2. I CAN SEE SOMEONE IN THE STREET, HE IS MY NEIGHBOUR.
3. I AM TOUCHING SOMETHING SOFT, IT IS MY PET CAT.
4. I CAN TASTE SOMETHING COLD, IT IS AN ICE-CREAM.
5. I CAN HEAR SOMETHING LOUD, MY BROTHER IS PLAYING THE _ _ _ _ _

R
S
D
U
M

A Storm

Recompune obiectele sparte pentru a descoperi cuvintele care îți vor permite să completezi frazele, cu ajutorul culorilor.

MY DOG WAS _ _ _ _ _ _ _ _ _ _ _ _ _ .

IN THE MORNING
I WAS _ _ _ _ _ _ _ _
AS MY GARDEN WAS
_ _ _ _ _ _ _ _ .

IT WAS VERY
_ _ _ _ _ _ _ _
FOR HIM.

LAST NIGHT THERE WAS A _ _ _ _ _ _ _ _ STORM, I WAS _ _ _ _ _ _ _ _ _ _ _ .
IT WAS _ _ _ _ _ _ _ _ _ _ .

Writers

Recompune titlurile cărţilor, punând paginile de mai jos în ordinea corectă, apoi completează frazele.

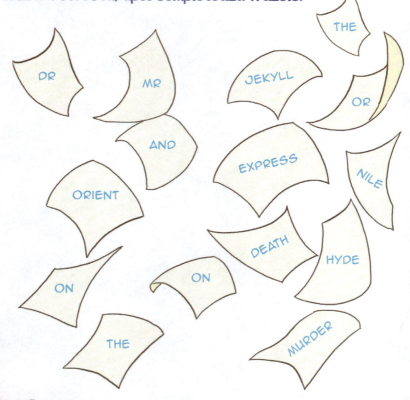

1. _ _ _ _ _ _ _ _ _ _ _ _ _ _ _ _ _ WAS WRITTEN BY AGATHA CHRISTIE.

2. _ _ _ _ _ _ _ _ _ _ _ _ _ _ _ WAS WRITTEN BY AGATHA CHRISTIE.

3. _ _ _ _ _ _ _ _ _ _ _ _ _ _ _ _ _ WAS WRITTEN BY ROBERT LOUIS STEVENSON.

Clichés

Spune dacă afirmațiile de mai jos sunt adevărate sau false.
Scrie literele răspunsurilor tale pentru a completa ultima frază.

THERE ARE A LOT OF PEOPLE WHO SPEAK ENGLISH AND FRENCH IN CANADA.
- **C** TRUE
- **P** FALSE

THERE ARE LOTS OF KANGAROOS IN AUSTRALIA.
- **O** TRUE
- **U** FALSE

THERE ARE LOTS OF TIGERS IN CANADA.
- **T** TRUE
- **R** FALSE

THERE ARE BEARS IN AUSTRALIA.
- **I** TRUE
- **A** FALSE

THERE ARE LOTS OF MAPLE TREES IN CANADA.
- **L** TRUE
- **M** FALSE

THERE ARE KOALA BEARS IN AUSTRALIA.
- **R** TRUE
- **S** FALSE

THERE IS A LOT OF SNOW IN CANADA.
- **E** TRUE
- **U** FALSE

THERE ARE SOME ABORIGINES IN AUSTRALIA.
- **E** TRUE
- **O** FALSE

THE EMPIRE STATE BUILDING IS IN CANADA.
- **H** TRUE
- **F** FALSE

THE WORLD'S LARGEST _ _ _ _ _   _ _ _ _ SYSTEM IS IN AUSTRALIA.

Famous Murder

Cu ajutorul listei de cuvinte, găsește cuvântul care corespunde fiecărei definiții. Scrie-le în grila de mai jos, iar cu ajutorul literelor din căsuțele colorate vei putea descoperi porecla acestui celebru criminal.

TO CATCH
TO ASSASSINATE
A JUDGE
TO SEARCH
TO RUN BACK
TO DISAPPEAR
TO SCREAM
TO FIND
TO SHOUT

I AM _ _ _ _   _ _ _ _ _ _ _ _ , BELIEVED TO HAVE KILLED WOMEN AROUND THE WHITECHAPEL DISTRICT OF LONDON IN 1888.

1. TO TAKE HOLD OF.
2. TO KILL SOMEONE.
3. HE KNOWS THE LAW.
4. TO LOOK FOR A CLUE.
5. TO GO THE OTHER WAY.
6. TO VANISH.
7. TO SHOUT.
8. TO DISCOVER.
9. TO CRY.

Wales

Pune cuvintele din propoziţiile de mai jos în ordinea corectă, apoi găseşte imaginile care le corespund. Uneşte punctele în ordine crescătoare pentru a descoperi animalul mitic care este reprezentat pe drapelul Ţării Galilor.

1. THERE IN LOTS WALES SEABIRDS. ARE OF

2. WALES MANY IN ARE MANY CHOIRS. THERE

3. IN THERE A RUGBY ARE FEW TEAMS. WALES

A B  C

1 ☐ 2 ☐ 3 ☐

Best and Worst

Observă fiecare personaj și găsește fraza care îl descrie. Taie de fiecare dată obiectul care are legătură cu activitatea la care se pricepe mai puțin.

1. JOANNA IS THE BEST AT SEWING BUT SHE IS THE WORST AT BILLIARDS.
2. FLORIAN IS THE BEST AT FOOTBALL BUT HE IS THE WORST AT SKIING.
3. SANDRA IS THE BEST AT PAINTING BUT SHE IS THE WORST AT COOKING.
4. THOMAS IS THE BEST AT GOLF BUT HE IS THE WORST AT TABLE TENNIS.
5. LOÏC IS THE BEST AT PHOTOGRAPHY BUT HE IS THE WORST AT SINGING.
6. MARILOU IS THE BEST AT RIDING BUT SHE IS THE WORST AT SKATING.

Outdoor Activities

Completează afirmația fiecărui personaj cu unul dintre cuvintele din listă, corespunzător obiectului de care are nevoie pentru activitatea sa.

I AM SNOWBOARDING. WHERE IS MY _ _ _ _ _ _ _ _ _ ?

I AM ICE-SKATING. WHERE ARE MY _ _ _ _ _ _ ?

I AM MAKING OF RAFTING. WHERE IS MY _ _ _ _ _ _ _ _ _ _ ?

I AM HORSE RIDING. WHERE IS MY _ _ _ _ _ _ _ _ _ ?

Awesome!

Ajută păianjenul, șarpele și lupul să iasă din labirint. Cu ajutorul literelor pe care le întâlnești pe traseu, vei putea scrie fiecare frază în bula de dialog a personajului căruia îi corespunde.

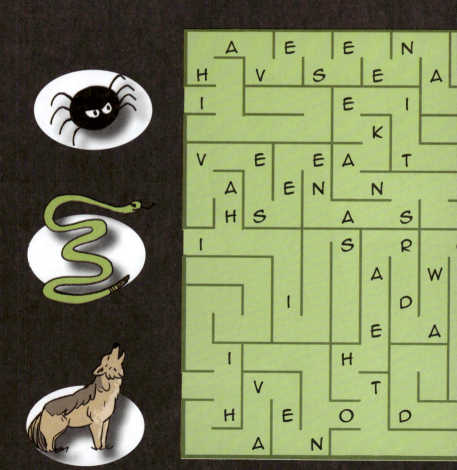

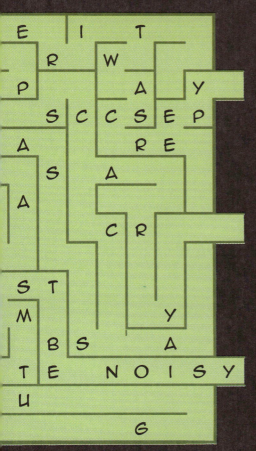

....
....
....

....
....
....

....
....
....

Canada

Scrie în grila de mai jos teritoriile şi provinciile Canadei şi descoperă, în căsuţele colorate, numele capitalei acestei ţări.

SASKATCHEWAN
BRITISHCOLUMBIA
NOVASCOTIA
ONTARIO
NUNAVUT
MANITOBA

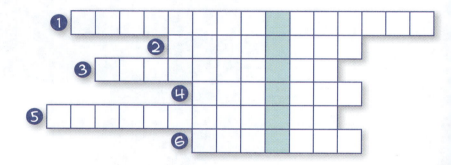

THE CAPITAL OF CANADA IS _____ .

Colorează cu roşu zonele care au un singur punct şi vei descoperi drapelul Canadei.

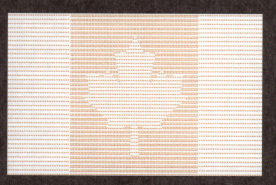

Niagara Falls

Unește stropii de apă de aceeași culoare, pornind de la cel mai mic până la cel mai mare, iar apoi completează bulele de dialog cu cuvintele corespunzătoare.

I HAVE ○○○○○ CLIMBED A MOUNTAIN BECAUSE I AM AFRAID OF HEIGHTS.

I HAVE ○○○○○○○ SEEN THE WATERFALLS. THEY WERE SPECTACULAR.

I HAVEN'T ○○○ EXPERIENCED WHITE WATER RAFTING BUT I THINK IT MUST BE AMAZING.

Let it Snow!

Găsește căsuțele cu ajutorul cărora poți scrie cuvintele colorate din frazele de mai jos. Îți vor rămâne trei căsuțe pentru a scrie cuvântul care completează ultima întrebare.

HAVE YOU EVER TRIED SNOWBOARDING?

NO, I HAVEN'T YET, I THINK IT IS DANGEROUS.

HAVE YOU EVER TRIED SLEDGING?

NO I AM NOT COMFORTABLE WITH THAT.

HAVE YOU EVER MADE A _ _ _ _ _ _ _ ?

YES IT IS SAFER.

SN	SLE	CO	SNO	MF
DA	OW	NGE	BO	RO
ARD	DGI	OR	NG	WM
US	AN	TA	ING	BLE

Photographer

Găseşte fotografia care corespunde fiecărui animal şi scrie numele său sub imaginea respectivă.

BEAR	SHARK	SPIDER
BEAVER	SKUNK	SQUIRREL
KANGAROO	SNAKE	WOLF.

_ _ _ _

_ _ _ _ _

_ _ _ _ _

_ _ _ _ _

_ _ _ _

_ _ _ _ _ _ _ _

_ _ _ _ _ _

_ _ _ _ _ _

_ _ _ _ _ _ _ _

On the Boat

Adam și Zoe au închiriat o barcă. Cu ajutorul numerelor, scrie cuvintele colorate în grila de mai jos, iar cu ajutorul cuvântului de pe verticală vei putea să completezi ultima frază.

I HAVE ❼ DRIVEN A ❹ BOAT.
MY ❻ SISTER HAS PUT OUR SWIMSUITS IN ❶ HER BACKPACK.
WE HAVE ❷ TAKEN PHOTOS OF A WHALE.
WE HAVE BEEN SWIMMING WITH OUR LIFE ❸ JACKETS ON.
WE HAVE _ _ _ _ _ _ _ OUR ❺ DAY.

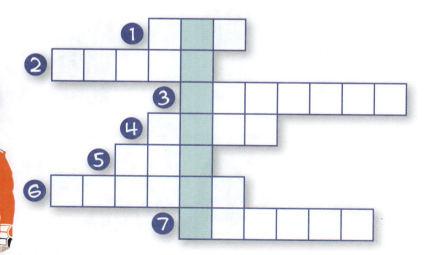

In the Future

Toate bulele de dialog din conversația de mai jos au fost amestecate. Observă atitudinea fiecărui personaj și fă corespondența cu fraza care îi aparține.

Aliens

Pentru a înțelege ce gândesc acești extratereștri, elimină din fiecare cuvânt litera care este în plus.

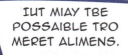

IUT MIAY TBE POSSAIBLE TRO MERET ALIMENS.

ITE MIGEHT BRE ONE MARSH ORT THEN MOLON.

RIT MAIGHT BLE EXCOITING POR MIT MAYO BEN SCARTY.

MALYBE THEY RALIENS CARE DANGLEROUS? ORE OTHEY MIGHOT IBE INTELLIGUENT. ORS MAMYBE BROTH.

Communication

Pentru a înțelege această conversație, suprapune bulele de dialog ale fiecărui personaj.

Energy

Completează grila de mai jos pe orizontală și vei afla denumirile în limba engleză pentru șapte fenomene naturale. Numele unui al optulea fenomen va apărea pe coloana de culoare albastră!

VOCABULARY

earthquake: cutremur de pământ
flood: inundație
hurricane: uragan
tornado: tornadă
storm: furtună
volcano: vulcan
global warming: încălzire globală
greenhouse effect: efect de seră
drought: secetă
heatwave: caniculă, val de căldură

Găsește denumirea acestor patru fenomene naturale, folosind consoanele de mai jos.

1 ....
2 ....
3 ....
4 ....

Sci-Fi Movies

Fă legătura între fiecare frază de mai jos şi filmul care îi corespunde.

☐ IT IS A FAMILY SAGA "A LONG TIME AGO IN A GALAXY FAR, FAR AWAY.

☐ THE FILM IS SET IN THE MID-22ND CENTURY, WHEN HUMANS ARE COLONIZING PANDORA.

Soluțiile jocurilor

Soluții

p. 5 – At the Hairdresser's

HE IS BALD.

p. 6 – Long-Haired

HE IS HANDSOME.
THEY ARE PRETTY.

p. 7 – William and Kate

KATE MIDDLETON HAS MARRIED A PRINCE.

THEY HAVE GOT CHILDREN.

PRINCE WILLIAM HAS GOT A MOTORBIKE.

THEY HAVE GOT A DOG.

p. 8-9 – My Family

NIECE; AUNT; UNCLE; NEPHEW; COUSIN

p. 10 – In the Kitchen

"I AM QUITE HUNGRY. I AM VERY HUNGRY TOO."
" I CAN'T STAND THAT YOU EAT ALL THE TIME."
"WOULD YOU LIKE A LITTLE GLASS OF WATER?"
" NO THANKS, WE ARE NOT AT ALL THIRSTY."
"WE DON'T MIND, WE WILL EAT LATER."

p. 11 – Characteristics

MY BROTHER IS OF MEDIUM HEIGHT.
MY MOTHER IS MIDDLE-AGED.
MY BABY SISTER IS CHUBBY.
MY DOG IS OVERWEIGHT.

p. 12 – Likes and Dislikes

1 – B. 2 – E. 3 – D. 4 – A. 5 – F. 6 – C.

p. 13 – Famous People

HE IS DANIEL CRAIG.
SHE IS ADELE.
HE IS WAYNE ROONEY.

p. 14 – Yearbook

HE IS VERY HANDSOME. HE LOOKS LIKE JAMES BOND.
SHE IS GORGEOUS. SHE LOOKS LIKE MARYLIN MONROE.
SHE IS VERY SERIOUS. SHE LOOKS LIKE THE QUEEN.
HE IS UGLY. HE LOOKS LIKE SHREK.

Soluții

p. 15 – Boo!

I AM GOOD AT FRIGHTENING.
I AM RUBBISH AT SMILING.
WE CAN'T HELP EATING SWEETS.
WE ARE ABLE TO EAT ALL OF THE PACKET.

p. 16 – Prices

£15 – £20 – £35.

p. 17 – Food

"DO YOU HAVE ANY VEGETARIAN DISHES?"

"NO WE DON'T HAVE ANY ON OUR MENU, BUT WE DO HAVE SOME FRUIT."

TREBUIA ÎNCERCUIT COȘUL CU FRUCTE.

p. 18-19 – Cooking

POUR THE MIXTURE INTO A BAKING TIN.

ADD THE FLOUR AND A LITTLE MILK.

BAKE IN THE OVEN FOR 20 MINUTES.

WHEN IT'S COLD, COVER WITH MELTED CHOCOLATE.

MIX THE EGGS AND THE SUGAR.

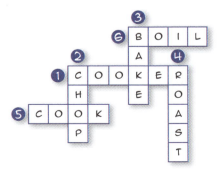

Soluții

p. 20-21 – Journey

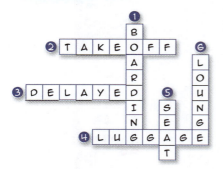

p. 25 – Lifestyle

JOHN HAS AN UNHEALTHY LIFE-STYLE, HE SKIPS BREAKFAST, HE EATS JUNK FOOD.

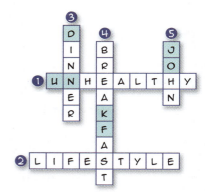

p. 22 – The Drive-Through

WHAT WOULD YOU LIKE TO ORDER PLEASE?
I WOULD LIKE A CHEESEBURGER AND A CAN OF COLA.
HOW WOULD YOU LIKE TO PAY THE BILL?
WITH CASH PLEASE. HOW MUCH DO I OWE?
TEN DOLLARS PLEASE.
NOW PASS TO THE NEXT WINDOW AND YOUR TAKE OUT WILL BE READY.

p. 23 – Indian Food

CHICKEN TIKKA MASALA.

p. 24 – Greedy

"I WANT THE BIG ONE."

p. 26 – Geek

Soluţii

p. 27 – World Cuisine

MEXICAN FOOD – BURRITOS. INDIAN FOOD – CURRY. CHINESE FOOD – NOODLES. ITALIAN FOOD – PIZZA.

p. 28 – Enjoy It!

I AM GOING TO A FAST FOOD RESTAURANT.
I AM GOING TO A HOT DOG STAND.
I AM GOING TO A FANCY RESTAURANT.

p. 29 – Sweet

CHEESECAKE: CAT – HOUSE – ELEPHANT – EGG – SHOE – EYE – CHAIR – AVOCADO – KNIFE – EAGLE.
WAFFLE: WITCH – APPLE – FISH – FLOWER – LEMON – EGG.

p. 30-31 – Money

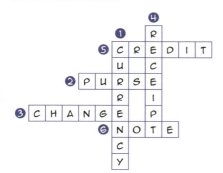

N	M	R	E	U	B
U	E	M	R	N
U	B	M	R	N	E
E	R	N	B	M	U
R	N	B	U	E	M
M	E	U	N	B	R

p. 32 – Perfume Shop

"MUM, HELP ME, I MUST BUY MY GIRL FRIEND A PRESENT FOR HER BIRTHDAY."
"YES, WHY DON'T WE GO TO THE PERFUME SHOP?"
"OK, BUT YOU MUSN'T TELL HER WHERE WE ARE GOING."
"WE MUST KEEP IT A SECRET."
"SO WE MUSN'T TELL MY LITTLE SISTER."

p. 33 – The Arcade

"SHOULD I STAY OR SHOULD I GO?"
"YOU SHOULDN'T STAY MUCH LONGER AS WE ARE CLOSING THE ARCADE."
"YOU SHOULD COME BACK EARLIER TOMORROW."

Soluții

p. 34 - Pretty Woman

p. 35 - At College

"REALLY? AT MY COLLEGE I AM ALLOWED TO WEAR MAKE-UP AND JEANS IF I WANT."

p. 36 - So Scottish!

1 - TRUE. 2 - FALSE. HE IS MORE BORING THAN HER. 3 - FALSE. HIS FEET ARE LONGER THAN HERS. 4 - TRUE. 5 - FALSE. SHE IS YOUNGER THAN HIM.

p. 37 - Clothes Shop

"YES, I LIKE THE BLACK ONES."

p. 38 - Shoe Shop

LOOK! THESE SHOES ARE SO LOVELY.
WHAT DO YOU THINK ABOUT THIS HAND BAG?
I PREFER THAT ONE.
THOSE BOOTS ARE UGLY!

p. 39 - It's Mine

"LEON, YOURS IS BIGGER THAN HERS."

p. 40 - Fashion Victim

SIZE.

p. 41 - Punk

"HOW WEIRD IS THIS PUNK'S HAIR!"
"NO, I THINK IT IS REALLY COOL."
"WHAT A LOVELY T-SHIRT!"
"NO, I THINK IT IS REALLY AWFUL."

p. 42-43 - Dressing Room

7 - MY SCARF IS PLAIN.

p. 44 - Clothes

TIGHTS

p. 45 - Unique

CUSTOMIZE

Soluții

p. 46-47 - Summer Camp

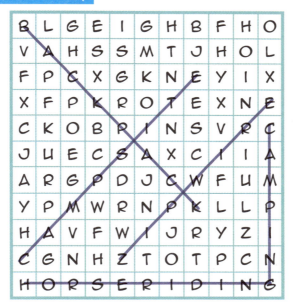

YESTERDAY, WE WENT HORSE RIDING AND ROCK-CLIMBING. IT WAS WONDERFUL. I DON'T FEEL HOMESICK.

p. 48 - Nationalities

FRENCH, GAELIC, SPANISH, GREEK, LATIN, PORTUGUESE

p. 49 - Inventions

ALEXANDER GRAHAM BELL. LEVI STRAUSS.

p. 50-51 - Shopping

SHE IS IN HARRODS.

p. 52 - Good Idea

B - FALSE. HE WAS AMERICAN.
U - TRUE. L - FALSE. B - TRUE.

UN BEC ELECTRIC. (BULB)

p. 53 - Sherlock Holmes

THE CHARACTER SHERLOCK HOLMES WAS CREATED BY SIR ARTHUR CONAN DOYLE..

Soluții

p. 54-55 – E-mail

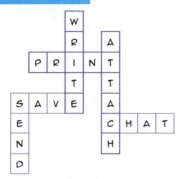

THIS E-MAIL IS FROM JAMES. FALSE
THIS E-MAIL IS TO NAOMI. FALSE
STEVE IS GOING TO RECEIVE A COPY. TRUE
THERE ARE TWO ATTACHMENTS. TRUE
NAOMI DOESN'T LIKE JAMES AT ALL. FALSE
JAMES IS NAOMI'S UNCLE. FALSE

p. 56 – Whodunnit

MOUSE – ISLAND – DOG – DUCK – LEEK – EMU = MIDDLE.
WOLF – HORSE – ICE CREAM – LOLIPOP – SUN – TIE = WHILST.
NEWSPAPER – EAR – XYLOPHONE – TOOTHBRUSH = NEXT.
WATERMELON – HONEY – EAGLE – NOSE = WHEN.
BABY – UMBRELLA – TEAPOT = BUT.

p. 57 – The Detective

1 – C. 2 – A. 3 – B.

p. 58-59 – In the Night

SHERLOCK HOLMES.
ERNEST RANGLEFORTH.

p. 60 – Feeling Guilty

I COULD HAVE GONE WITH HER, BUT I DON'T LIKE IT.
SHE COULDN'T BUY A PROGRAM BECAUSE SHE LOST HER PURSE.
SHE COULDN'T HEAR ANYTHING, BECAUSE SHE WAS TOO FAR AWAY.
SHE COULDN'T SEE ANYTHING, BECAUSE SHE FORGOT HER GLASSES.

p. 61 – The Five Senses

I AM HEARING SOMETHING LOUD, MY BROTHER IS PLAYING THE DRUMS."

p. 62-63 – A Storm

LAST NIGHT THERE WAS A HORRIBLE STORM, I WAS FRIGHTENED. IT WAS TERRIFYING. MY DOG WAS SCARED TO DEATH. IT WAS VERY STRESSFUL FOR HIM. IN THE MORNING I WAS SHOCKED AS MY GARDEN WAS DEVASTATED.

p. 64 – Writers

MURDER ON THE ORIENT EXPRESS WAS WRITTEN BY AGATHA CHRISTIE.
DEATH ON THE NILE WAS WRITTEN BY AGATHA CHRISTIE.
DR JEKYLL AND MR HYDE WAS WRITTEN BY STEVENSON.

p. 65 – Clichés

C – TRUE. O – TRUE. R – FALSE. TIGERS ARE IN ASIA. A – FALSE. L – TRUE. R – TRUE. E – TRUE. E – TRUE. F – FALSE. IT IS IN NEW YORK.
THE WORLD'S LARGEST CORAL REEF SYSTEM IS IN AUSTRALIA.

Soluţii

p. 66-67 – Famous Murder

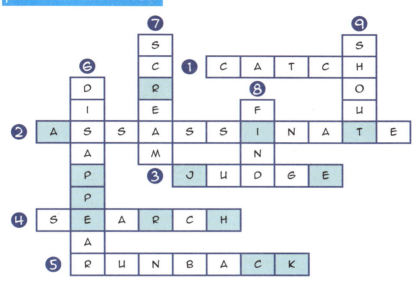

"I AM JACK THE RIPPER BELIEVED TO HAVE KILLED WOMEN AROUND THE WHITECHAPEL DISTRICT OF LONDON IN 1888.".

p. 68 – Wales

1-C. IN WALES THERE ARE LOTS OF SEABIRDS.
2-A. IN WALES THERE ARE MANY CHOIRS.
3-B. IN WALES THERE ARE A FEW RUGBY TEAMS.

p. 69 – Best and Worst

1 – F. 2 – D. 3 – A. 4 – C. 5 – E. 6 – B

p. 70-71 – Outdoor Activities

WHERE IS MY SAFETY HARNESS?
WHERE ARE MY GLOVES?
WHERE IS MY LIFE JACKET?
WHERE IS MY RIDING HAT?
WHERE ARE MY SKIS?
WHERE IS MY SNOWBOARD?
WHERE IS MY DIVING MASK?

WHERE IS MY HUSKY?

p. 72-73 – Awesome!

I HAVE SEEN A SPIDER, IT WAS CREEPY.

I HAVE SEEN A SNAKE, IT WAS SCARY.

I HAVE NOT HEARD A WOLF, IT MUST BE NOISY.

Soluții

p. 74 – Canada

THE CAPITAL OF CANADA IS OTTAWA.

p. 75 – Niagara Falls

I HAVE NEVER CLIMBED A MOUNTAIN BECAUSE I AM AFRAID OF HEIGHTS.
I HAVE ALREADY SEEN THE WATERFALLS THEY WERE SPECTACULAR.
I HAVEN'T YET EXPERIENCED WHITE WATER RAFTING BUT I THINK IT MUST BE AMAZING.

p. 76 – Let it Snow!

HAVE YOU EVER MADE A SNOWMAN?

p. 77 – Photographer

BEAR – SNAKE – SHARK
SKUNK – WOLF – SQUIRREL
SPIDER – BEAVER – KANGAROO.

p. 78 – On the Boat

WE HAVE ENJOYED OUR DAY.

p. 79 – In the Future

A-2. B – 4. C – 1. D – 3.

p. 80 – Aliens

IT MAY BE POSSIBLE TO MEET ALIENS.
IT MIGHT BE ON MARS OR THE MOON.
IT MIGHT BE EXCITING OR IT MAY BE SCARY.
MAYBE THE ALIENS ARE DANGEROUS? OR THEY MIGHT BE INTELLIGENT. OR MAYBE BOTH.

p. 81 – Communication

THERE WILL BE MANY MORE INVENTIONS IN THE FUTURE.
THERE MAY BE SMARTPHONES FOR DOGS.
COMPUTERS MIGHT CONNECT TO ALIENS.

p. 82 – 83 Energy

TORNADO

DROUGHT – EARTHQUAKE – STORM – VOLCANO

p. 84 – Sci-Fi Movies

1 – B. STAR WARS. 2 – A. AVATAR.